¿Cómo hacer root beer?

Grace Hansen

Abdo Kids Jumbo es una subdivisión de Abdo Kids
abdobooks.com

abdobooks.com

Published by Abdo Kids, a division of ABDO, P.O. Box 398166, Minneapolis, Minnesota 55439.
Copyright © 2020 by Abdo Consulting Group, Inc. International copyrights reserved in all countries.
No part of this book may be reproduced in any form without written permission from the publisher.
Abdo Kids Jumbo™ is a trademark and logo of Abdo Kids.

052019

092019

Spanish Translator: Maria Puchol

Photo Credits: Alamy, AP Images, Getty Images, iStock, Shutterstock, ©Pymouss p.9/CC-BY-SA-3.0

Production Contributors: Teddy Borth, Jennie Forsberg, Grace Hansen

Design Contributors: Dorothy Toth, Laura Mitchell

Library of Congress Control Number: 2018968165

Publisher's Cataloging-in-Publication Data

Names: Hansen, Grace, author.

Title: ¿Cómo hacer root beer?/ by Grace Hansen.

Other title: How is root beer made?. Spanish

Description: Minneapolis, Minnesota : Abdo Kids, 2020. | Series: ¿Cómo se hace?

Identifiers: ISBN 9781532187506 (lib.bdg.) | ISBN 9781532188480 (ebook)

Subjects: LCSH: Soft drinks--Juvenile literature. | Manufacturing processes--Juvenile literature. | Carbonated beverages--Juvenile literature. | Discoveries in science--Juvenile literature. | Spanish language materials--Juvenile literature.

Classification: DDC 663.6--dc23

Contenido

De té de raíz a *root beer*........ 4

Sabores comunes 8

Destilando la mezcla.......... 12

Más datos 22

Glosario..................... 23

Índice....................... 24

Código Abdo Kids............ 24

De té de raíz a *root beer*

El **té de raíces** ha existido durante siglos. La actual *root beer*, también llamada cerveza de raíz en español, no se envasó hasta 1886. Un **farmacéutico** llamado Charles Elmer Hires empezó envasando su **extracto** de té de raíz.

Edward Barq empezó a envasar su *root beer* en 1898. A la gente le encantaba su sabor fuerte. ¡Las *root beers* de Hires y Barq aún se venden hoy día!

Sabores comunes

El primer paso para hacer *root beer* es **dejar en infusión** las raíces para obtener los sabores. El sabor a sasafrás es vital para hacer *root beer*. Otros sabores comunes añadidos son la vainilla, la gaulteria y muchos otros.

Los sabores se combinan con agua y azúcar. Las grandes compañías de refrescos hacen *root beer* con jarabe de maíz con alto contenido en fructosa. Grandes **maestros cerveceros** usan endulzantes como el azúcar puro de caña.

11

Destilando la mezcla

Se calienta la mezcla hasta que hierve. Luego se pone a fuego lento durante por lo menos 30 minutos.

Se filtran los ingredientes,

¡dejando un sabroso líquido!

Una vez enfriado lo suficiente, se le añade **levadura**. La levadura absorbe parte del azúcar. Esto crea las burbujas.

¡La *root beer* está lista para ser envasada! Una vez que hay suficientes burbujas, las botellas se enfrían para que la **levadura** deje de absorber el azúcar.

Los **maestros cerveceros** pueden ser creativos cuando hacen *root beer*. ¡Hay muchos sabores que probar!

Más datos

- ¡El 6 de agosto es el Día Nacional del submarino de *root beer*!

- A&W es la *root beer* más vendida en Estados Unidos.

- El sasafrás fue prohibido por la FDA (Administración de Alimentos y Medicamentos) en 1960. Pruebas de laboratorio demostraban que causaba cáncer. La *root beer* actual lleva a menudo un condimento artificial con sabor a sasafrás.

Glosario

dejar en infusión – poner a remojo en un líquido.

extracto – sustancia fuerte y concentrada.

farmacéutico – persona licenciada para preparar y vender medicinas.

filtrar – pasar por un filtro para eliminar los sólidos de un líquido.

levadura – hongos unicelulares que se usan para hacer ciertas comidas y bebidas.

maestro cervecero – persona que hace *root beer*.

té de raíces – bebida hecha a base de la infusión de las raíces de plantas.

Índice

Barq, Edward 6

envasar 18

filtrar 14

hervir 12

Hires, Charles Elmer 4, 6

ingredientes 8, 10, 14, 16, 18

levadura 16, 18

marcas 4, 6, 20

sabores 8, 10, 20

té de raíces 4

¡Visita nuestra página **abdokids.com** y usa este código para tener acceso a juegos, manualidades, videos y mucho más!

Código Abdo Kids: **HHK1962**